Julius Georgi

Objektorientierte Programmierung

Eine Untersuchung am Beispiel von Visual C#

GRIN Verlag

Bibliografische Information der Deutschen Nationalbibliothek:

Die Deutsche Bibliothek verzeichnet diese Publikation in der Deutschen National-
bibliografie; detaillierte bibliografische Daten sind im Internet über http://dnb.d-
nb.de/ abrufbar.

Dieses Werk sowie alle darin enthaltenen einzelnen Beiträge und Abbildungen
sind urheberrechtlich geschützt. Jede Verwertung, die nicht ausdrücklich vom
Urheberrechtsschutz zugelassen ist, bedarf der vorherigen Zustimmung des Verla-
ges. Das gilt insbesondere für Vervielfältigungen, Bearbeitungen, Übersetzungen,
Mikroverfilmungen, Auswertungen durch Datenbanken und für die Einspeicherung
und Verarbeitung in elektronische Systeme. Alle Rechte, auch die des auszugsweisen
Nachdrucks, der fotomechanischen Wiedergabe (einschließlich Mikrokopie) sowie
der Auswertung durch Datenbanken oder ähnliche Einrichtungen, vorbehalten.

Impressum:

Copyright © 2011 GRIN Verlag, Open Publishing GmbH
Druck und Bindung: Books on Demand GmbH, Norderstedt Germany
ISBN: 978-3-640-80986-8

GRIN - Your knowledge has value

Der GRIN Verlag publiziert seit 1998 wissenschaftliche Arbeiten von Studenten, Hochschullehrern und anderen Akademikern als eBook und gedrucktes Buch. Die Verlagswebsite www.grin.com ist die ideale Plattform zur Veröffentlichung von Hausarbeiten, Abschlussarbeiten, wissenschaftlichen Aufsätzen, Dissertationen und Fachbüchern.

Besuchen Sie uns im Internet:

http://www.grin.com/

http://www.facebook.com/grincom

http://www.twitter.com/grin_com

Objektorientierte Programmierung
Eine Untersuchung am Beispiel von Visual C#

vorgelegt von
Julius Georgi

Vorwort

In dieser Arbeit möchte ich es vorziehen, die objektorientierte Denkweise zu unter-
suchen und weniger auf die sprachlichen Elemente von Visual C# eingehen.

Den vollständigen Code zu den Ausschnitten sowie das Material zum Praxisteil stelle
ich im Anhang zur Verfügung.

....

Julius Georgi

Inhaltsverzeichnis

1 Begriffsklärungen und Erläuterungen

„Die objektorientierte Programmierung (kurz OOP) ist ein auf dem Konzept der Objektorientierung basierender Programmierstil. Die Grundidee dabei ist, Daten und Funktionen, welche auf diese Daten angewandt werden können, möglichst eng in einem sogenannten Objekt zusammenzufassen und nach außen hin zu kapseln, so dass Methoden fremder Objekte diese Daten nicht versehentlich manipulieren können." [1]

Aus dieser Definition kann man entnehmen, dass jeder einzelne Sachverhalt in einem Programm als Objekt betrachtet wird.

Ein Objekt ist eine Sammlung zueinander in Beziehung stehender Informationen und Funktionen.[2] Dieses Objekt kann einen Zusammenhang mit der Wirklichkeit darstellen (z.B. einer Person mit Namen, Adresse, etc.), eine virtuelle Bedeutung haben (z.B. ein Fenster auf dem Bildschirm) oder einfach ein Element innerhalb eines Programmes verdeutlichen (etwa eine Sammlung zu erledigender Aufgaben).

In der OOP besteht der erste Schritt nun darin, den einzelnen Objekten eine Bedeutung zuzuweisen. Dies erscheint einfach, wenn man ein natürliches Objekt, wie beispielsweise eine Person betrachtet. Bezieht man das Objekt jetzt jedoch auf ein virtuelles Problem, so verschwimmen die Grenzen.

Wenn das Ziel zum Beispiel die Entwicklung eines Programms zur Nummerierung mehrerer Bilder in einem Ordner darstellt, so könnte man das einzelne Bild als Objekt betrachten mit den Eigenschaften Name, Speicherort, Format und Abmessungen. Der Programmierer könnte sich jedoch auch dafür entschieden, dass er den Ordner mit den beinhaltenden Bildern als Objekt annimmt und der Ordner verschiedene Bilder als Eigenschaften besitzt.

[1] http://de.wikipedia.org/ (19.09.2010), verschiedene Autoren: Objektorientierte Programmierung. Erscheinungsdatum: 10.09.2010. http://de.wikipedia.org/wiki/Objektorientierte_Programmierung
[2] http://openbook.galileocomputing.de/ (19.09.2010), verschiedene Autoren: C#. Erscheinungsdatum 2002. http://openbook.galileocomputing.de/csharp/kap01.htm

2 Entstehung der objektorientierten Programmierung

Zu Beginn wurde ein Programm linear programmiert. Es enthielt ein „begin", ein „end" und eventuell Anweisungen wie „goto". Die populärste Programmiersprache dieser einfachen Art von Programmierung ist BASIC.

In den 60-er und 70-er Jahren folgten dann erste neue Konzepte, allen voran erste Ansätze zur objektorientierten Programmierung. Die erste Sprache diesbezüglich war Simula 67.

Der Begriff „objektorientiert" entstand jedoch erst in den 80-er Jahren. In dieser Zeit erhielten viele herkömmliche Programmiersprachen, wie beispielsweise Pascal (dann Objekt Pascal/Turbo Pascal), objektorientierte Funktionen. Ganz zum Durchbruch verhalf der objektorientierten Programmierung dann C++.

In den 90-er Jahren kamen dann zahlreiche weitere objektorientierte Sprachen auf den Markt, wie beispielsweise Java, welches sich hauptsächlich im Internet etablierte. Durch die wachsende Bedeutung von Internetanwendungen entwickelten sich auch Skriptsprachen mit objektorientierten Funktionen (PHP, Perl).

Heute sind die bekanntesten objektorientierten Sprachen C#, C++ und Java. Diese unterstützen jedoch auch noch den alten prozeduralen Ansatz.

Die einzige Sprache, welche sogar aus Zahlen Objekte macht, ist Smalltalk.

3 Untersuchung der Kernfunktionen

3.1 Klassen

„Eine Klasse ist ein abstrakter Oberbegriff für Dinge (Objekte), die eine gemeinsame Struktur und/oder ein gemeinsames Verhalten haben." [3]

Bezieht man eine Klasse auf reale Objekte, so kann man eine Person zum Beispiel als Klasse definieren. Eine Klasse wird in Visual C# wie folgt definiert:

```
1  // Codeausschnitt 3.1A (vollständig → Anhang)
2  class Person
3  {
4
5  }
```

[3] http://www.math.tu-berlin.de/ (19.09.2010), Thomas Slawig: Objektorientierte Programmierung – Grundlagen und –Begriffe. Erscheinungsdatum: Wintersemester 03/04. http://www.math.tu-berlin.de/Vorlesungen/WS03/Programmiermethoden/oo.pdf

Die Klasse stellt die wichtigste Grundlage der objektorientierten Programmierung dar.

3.2 Eigenschaften

Eigenschaften bezeichnet man auch als Attribute. Unter diesen Merkmalen versteht man markante Merkmale einer Klasse. Eine Eigenschaft der Klasse Person wäre zum Beispiel ein Vorname, ein Nachname oder ein Alter. Diese Eigenschaften werden global definiert. Aufgrund dieser globalen Definition können alle Methoden auf diese Eigenschaften zugreifen.

```
1  // Codeausschnitt 3.2A (vollständig → Anhang)
2  class Person
3  {
4      string Vorname;
5      string Nachname;
6      int Alter;
7  }
```

3.3 Methoden

Die einer Klasse von Objekten zugeordneten Algorithmen bezeichnet man auch als Methoden.[4]

Methoden sind die wichtigsten Elemente in der objektorientierten Programmierung. Sie können Attribute verarbeiten, ändern und vieles mehr. Eine Einschränkung dieses Zugriffes erfolgt durch die Zugriffsmodifikationen. Die Methoden werden durch die Funktionen (→3.4) umgesetzt.

3.4 Funktionen

Funktionen sind sehr nützliche Elemente. Sie kapseln Prozesse, welche immer wieder auftreten können. Hierbei muss der Code nur einmal geschrieben werden und muss bei einer Änderung nur an einer Stelle geändert werden. Funktionen sind angewandte Methoden, welche durch Zugriffsmodifikationen gesteuert werden.

```
1  // Codeausschnitt 3.4A (vollständig → Anhang)
2  class Person
3  {
4      string Vorname;
```

---

[4] http://www.math.tu-berlin.de/ (19.09.2010), Thomas Slawig: Objektorientierte Programmierung – Grundlagen und –Begriffe. Erscheinungsdatum: Wintersemester 03/04. http://www.math.tu-berlin.de/Vorlesungen/WS03/Programmiermethoden/oo.pdf

```
5
6        string Nachname;
7        int Alter;
8
9        void nameAusgeben() // die Funktion
10       {
11            Console.WriteLine(Vorname + " " + Nachname);
12       }
13 }
```

3.5 Zugriffsmodifikationen

Beim Schreiben eines größeren Programmes mit mehreren Entwicklern ist eine klare Strukturierung des Codes notwendig. Hierzu gehört auch, welche Eigenschaften und Methoden von außen gesetzt werden können. Dies kann durch die Zugriffsmodifikationen realisiert werden.

Modifikator	Erläuterung
public	öffentlich, kann von außen gesetzt werden, vererbbar
protected	geschützt, kann nicht von außen gesetzt werden, vererbbar
private	wie protected, aber nicht vererbbar, Standard bei Visual C#, wenn kein Modifikator angegeben ist

3.6 Vererbung

Die Vererbung ist ein fundamentales Leistungsmerkmal eines objektorientierten Systems. Sie stellt die Fähigkeit dar, Daten und Funktionen von einem übergeordneten Objekt an ein untergeordnetes weiterzugeben, also zu vererben.[5]

Eine Klasse kann von einer anderen Klasse erben. Hierbei stehen in der erbenden Klasse alle Eigenschaften und Methoden der Ausgangsklasse zur Verfügung, welche als „public" oder als „protected" gekennzeichnet sind. Die Ausgangsklasse sollte daher immer die Allgemeinere darstellen und die erbende Klasse die speziellere.

```
1   // Codeausschnitt 3.6A (vollständig → Anhang)
2   class Mann : Person // allg. Klasse durch Doppelpunkt gekennzeichnet
3   {
4       // alle Eig. von Person + Geschlecht, was hier festgelegt wird
5       string Geschlecht = "Mann";
6   }
```

---

[5] http://openbook.galileocomputing.de/ (19.09.2010), verschiedene Autoren: C#. Erscheinungsdatum 2002. http://openbook.galileocomputing.de/csharp/kap01.htm

3.7 Instanzen von Objekten

Eine Klasse ist eine Sammlung von Code. Dieser Code wird jedoch nur definiert und noch nicht ausgeführt. Um diesen auszuführen, ist es notwendig, Objekte von diesen Klassen zu erstellen. Sie werden instanziiert.

```
1  // Codeausschnitt 3.7A (vollständig → Anhang)
2  class Person
3  {
4      public string Vorname;
5      public string Nachname;
6      public int Alter;
7
8      public void nameAusgeben()
9      {
10         Console.WriteLine(Vorname + " " + Nachname);
11     }
12
13     public void InstanzErzeugen()
14     {
15         Person person = new Person();
16         person.Vorname = "Hans";
17         person.nameAusgeben();
18     }
19 }
```

4 Entwicklung eines objektorientierten Programmes in Visual C#

Nun möchte ich zu meiner praxisorientierten Untersuchung kommen. Das Ziel soll
sein, ein Programm zu entwickeln, welches alle Kernfunktionen der objektorientierten Programmierung enthält. Im Folgenden wird der wesentliche Code dargestellt
und es werden Erläuterungen zu den einzelnen Punkten gegeben. Auslassungen
(durch [...] gekennzeichnet), sind im Anhang ersichtlich.

```
1   // Codeausschnitt 4A (vollständig und Ausgabe → Anhang)
2   class Kunde // (1)
3   {
4       public string Vorname; // (2)
5       public string Nachname;
6       protected int VerbrauchterSpeicher = 0; // (3)
7       protected int MaximalerSpeicher = 1000;
8
9       public void Speichern(int Wieviel) // (4)
10      {
11          if ((VerbrauchterSpeicher + Wieviel) > MaximalerSpeicher)
12              Console.WriteLine("Der Speicher ist voll!");
13          else
14          {
15              VerbrauchterSpeicher = VerbrauchterSpeicher + Wieviel;
16              Console.WriteLine(Wieviel + " wurde erfolgreich gespei-
    chert!");
17          }
18      }
19
20      public void Loeschen(int Wieviel)
21      {
22          // [...]
23      }
24
25      public void DetailsAusgeben() // (5)
26      {
27          string text = "Vorname: " + Vorname +
28                  "\nNachname: " + Nachname +
29                  "\nVerbrauchter Speicher: " + VerbrauchterSpeicher +
30                  "\nFreier Speicher: " + (MaximalerSpeicher - Ver-
    brauchterSpeicher).ToString();
31          Console.WriteLine(text);
32      }
33  }
34
35  class Premiumkunde : Kunde // (6)
36  {
37      public Premiumkunde() // (7)
38      {
39          MaximalerSpeicher = 5000;
40      }
41  }
```

```
1   // Codeausschnitt 4B (vollständig und Ausgabe → Anhang)
2   Kunde Kunde1 = new Kunde(); // (8)
3   Kunde1.Vorname = "Hans";
4   Kunde1.Nachname = "Peter";
```

```
5  Kunde1.Speichern(50);
6  Kunde1.DetailsAusgeben();
7  Kunde1.Loeschen(30);
8  Kunde1.DetailsAusgeben();
9  Console.WriteLine("------------------------------");

10 Premiumkunde Kunde2 = new Premiumkunde(); // (9)
11 // [...]

12 Console.WriteLine("Bitte eine Taste drücken, um zu beenden!");
13 Console.Read();
```

Erläuterungen:

(1) Die allgemeine Klasse „Kunde" wird definiert.

(2) Die von außen setzbaren Variablen „Vorname" und „Nachname" werden deklariert.

(3) Die Variablen „VerbrauchterSpeicher" und „MaximalerSpeicher" werden deklariert. Sie sind nicht von außen änderbar, da dies nicht erwünscht ist.

(4) Eine öffentliche Methode zum Speichern wird deklariert. Diese kann beliebig oft aufgerufen werden, jedoch wird eine Fehlermeldung ausgegeben, wenn nicht genug „Speicher" frei ist.

(5) Die öffentliche Methode zum Ausgeben des aktuellen Status wird deklariert. Dieser kann an beliebiger Stelle im Programm beliebig oft ausgegeben werden.

(6) Die speziellere Klasse „Premiumkunde" wird definiert. Nach dem Doppelpunkt wird die Klasse angegeben, von der diese erben soll. Dies ist in diesem Fall die allgemeine Klasse „Kunde".

(7) In der Klasse „Premiumkunde" sind alle Eigenschaften und Methoden der Klasse „Kunde" verfügbar. Lediglich der maximale Speicher soll hier erhöht werden. Dazu wird die von außen geschützte Variable „MaximalerSpeicher" im Konstruktur (wird beim Erstellen eines neuen Objektes einer Klasse aufgerufen) entsprechend angepasst.

(8) Eine Objektinstanz der Klasse „Kunde" wird erstellt. Vereinfacht sagt man, dass ein neuer Kunde erstellt wird. Diesem werden die Eigenschaften „Vorname" und „Nachname" zugewiesen und anschließend die öffentlichen Methoden aufgerufen.

(9) Ein neuer Premiumkunde wird erstellt. Der einzige Unterschied zwischen dem Premiumkunde und dem normalen Kunden besteht darin, dass der Premiumkunde mehr Speicherplatz besitzt.

5 Anwendung der objektorientierten Programmierung in der Praxis

Der objektorientierte Ansatz hat sich mittlerweile durchgesetzt. Er findet hauptsächlich bei größeren Projekten Anwendung, da objektorientierte Systeme einen strukturierten Systementwurf ermöglichen. Einen weiteren Vorteil stellt die Wiederverwendbarkeit des Codes dar.

Von einer einmal definierten Klasse lassen sich zum Beispiel eine beliebige Anzahl neuer Objekte ableiten, denen unterschiedliche Eigenschaften zugewiesen werden können und Methoden mit unterschiedlichen Parametern aufgerufen werden können. In Bezug auf Abschnitt 3 (Praxisteil) kann man zum Beispiel einen normalen Kunden mit unterschiedlichem Vor- und Nachnamen erstellen, aber auch mit sehr wenig Code einen Premiumkunden erstellen, welcher mehr Speicherplatz besitzt.

Alle modernen Anwendungen (Betriebssysteme: z.B. Windows ab 95, Anwendungen: Mozilla Firefox, Microsoft Office) sind objektorientiert programmiert, da die oben genannten Vorteile klar überwiegen.

Der objektorientierte Programmierstil findet jedoch nicht nur bei PCs Anwendung. Handys (z.B. Nokia mit Symbian, Apple iPhone mit iOS und Apps) sind ebenfalls objektorientiert programmiert.

6 Zusammenfassung

Die objektorientierte Programmierung setzte sich richtig in den 90-er Jahren durch. Die wichtigsten Elemente der objektorientierten Programmierung sind Klassen, Eigenschaften, Methoden und Objekte. Der Code, welcher die Funktionalität des Programmes darstellt, wird in Klassen strukturiert.

Eine Eigenschaft ist eine Variable, welche in allen Methoden geändert werden kann. Methoden beinhalten die Funktionalität der Klasse. Sie besitzen also die Funktion, die Eigenschaften zu ändern.

Um nun den Code auszuführen, werden Objekte von den Klassen erstellt. Man kann von diesen alle Eigenschaften ändern beziehungsweise alle Methoden aufrufen, welche als „public" gekennzeichnet sind.

Die objektorientierte Programmierung findet in allen technischen Bereichen Anwendung, welche eine gute Struktur und Performance des Codes voraussetzen.

Literatur- und Quellenverzeichnis

Literatur

- Florence, Maurice: PHP 5.3 & MySQL 5.1, Der Einstieg in die Programmierung dynamischer Websites, München 2010
- Karl, Joachim / Sauer, Florian: Visual C# 2008 Videotraining Video2Brain, Einstieg für Anspruchsvolle, München 2010

Internetquellen

- http://www.math.tu-berlin.de/ (19.09.2010), Thomas Slawig: Objektorientierte Programmierung – Grundlagen und Begriffe. Erscheinungsdatum: Wintersemester 03/04.
  http://www.math.tu-berlin.de/Vorlesungen/WS03/Programmiermethoden/oo.pdf
- http://openbook.galileocomputing.de/ (19.09.2010), verschiedene Autoren: C#. Erscheinungsdatum 2002.
  http://openbook.galileocomputing.de/csharp/kap01.htm
- http://web-manual.de/ (19.09.2010), Thomas: Die Geschichte der objektorientierten Programmierung. Erscheinungsdatum 02.02.2010.
  http://web-manual.de/blogging/die-geschichte-der-objektorientierten-programmierung/
- http://de.wikipedia.org/ (19.09.2010), verschiedene Autoren: Objektorientierte Programmierung. Erscheinungsdatum: 10.09.2010.
  http://de.wikipedia.org/wiki/Objektorientierte_Programmierung

Anhang

Codeausschnitt 3.1A

```
using System;
using System.Collections.Generic;
using System.Text;

namespace Facharbeit
{
    class Person
    {

    }
}
```

Codeausschnitt 3.2A

```
using System;
using System.Collections.Generic;
using System.Text;

namespace Facharbeit
{
    class Person
    {
        string Vorname;
        string Nachname;
        int Alter;
    }
}
```

Codeausschnitt 3.4A

```
using System;
using System.Collections.Generic;
using System.Text;

namespace Facharbeit
{
    class Person
    {
        string Vorname;
        string Nachname;
        int Alter;

        void nameAusgeben()
        {
            Console.WriteLine(Vorname + " " + Nachname);
        }
    }
}
```

Codeausschnitt 3.6A

```
using System;
using System.Collections.Generic;
using System.Text;

namespace Facharbeit
{
    class Person
    {
        string Vorname;
        string Nachname;
        int Alter;

        void nameAusgeben()
        {
            Console.WriteLine(Vorname + " " + Nachname);
        }
    }

    class Mann : Person
    {
        string Geschlecht = "Mann";
    }
}
```

Codeausschnitt 3.7A

```
using System;
using System.Collections.Generic;
using System.Text;

namespace Facharbeit
{
    class Person
    {
        public string Vorname;
        public string Nachname;
        public int Alter;

        public void nameAusgeben()
        {
            Console.WriteLine(Vorname + " " + Nachname);
        }

        public void InstanzErzeugen()
        {
            Person person = new Person();
            person.Vorname = "Hans";
            person.nameAusgeben();
        }
    }
}
```

Codeausschnitt 4A/B

```csharp
using System;
using System.Collections.Generic;
using System.Text;

namespace Facharbeit
{
    class Kunde // (1)
    {
        public string Vorname; // (2)
        public string Nachname;
        protected int VerbrauchterSpeicher = 0; // (3)
        protected int MaximalerSpeicher = 1000;

        public void Speichern(int Wieviel) // (4)
        {
            if ((VerbrauchterSpeicher + Wieviel) > MaximalerSpeicher)
                Console.WriteLine("Der Speicher ist voll!");
            else
            {
                VerbrauchterSpeicher = VerbrauchterSpeicher + Wieviel;
                Console.WriteLine(Wieviel + " wurde erfolgreich gespei-
chert!");
            }
        }

        public void Loeschen(int Wieviel)
        {
            if (VerbrauchterSpeicher < Wieviel)
                Console.WriteLine("So viel kann gar nicht gelöscht werden!");
            else
            {
                VerbrauchterSpeicher = VerbrauchterSpeicher - Wieviel;
                Console.WriteLine(Wieviel + " wurde erfolgreich gelöscht!");
            }
        }

        public void DetailsAusgeben() // (5)
        {
            string text = "Vorname: " + Vorname +
                "\nNachname: " + Nachname +
                "\nVerbrauchter Speicher: " + VerbrauchterSpeicher +
                "\nFreier Speicher: " + (MaximalerSpeicher - VerbrauchterSpei-
cher).ToString();
            Console.WriteLine(text);
        }
    }

    class Premiumkunde : Kunde // (6)
    {
        public Premiumkunde() // (7)
        {
            MaximalerSpeicher = 5000;
        }
    }
}
```

Ausgabe von 4.

```
file:///D:/Dokumente/Schule/20102011 (Klasse 10)/informatik/INFO_facharbeit_quellcode/Facharo...

50 wurde erfolgreich gespeichert!
Vorname: Hans
Nachname: Peter
Verbrauchter Speicher: 50
Freier Speicher: 950
30 wurde erfolgreich gelöscht!
Vorname: Hans
Nachname: Peter
Verbrauchter Speicher: 20
Freier Speicher: 980
_____

50 wurde erfolgreich gespeichert!
Vorname: Alfred
Nachname: Singer
Verbrauchter Speicher: 50
Freier Speicher: 4950
30 wurde erfolgreich gelöscht!
Vorname: Alfred
Nachname: Singer
Verbrauchter Speicher: 20
Freier Speicher: 4980
_____

Bitte eine Taste drücken, um zu beenden!
_
```